AF411037

RAPPORT

FAIT AU NOM

DU COMITÉ DE L'IMPOSITION,

Concernant le revenu public provenant de la vente exclusive du Tabac.

IMPRIMÉ PAR ORDRE DE L'ASSEMBLÉE NATIONALE.

M**ESSIEURS,**

Votre Comité de l'Imposition s'est proposé les questions suivantes relativement à la partie du revenu public établi sur la consommation du Tabac:

1°. Quel est le régime établi pour la perception de ce revenu ?

2°. Quels sont les effets de ce régime & de l'impôt lui-même sur la liberté & la propriété ?

3°. Est-il possible de remettre maintenant en vigueur le régime établi ?

4°. Seroit il à la suite aussi profitable au Trésor public qu'il l'étoit avant la révolution ?

A

5°. Entre les moyens proposés pour retirer un produit de la consommation du Tabac, en est-il qui promette un revenu égal à celui des années passées, sans offenser la liberté & la propriété ?

6°. Enfin, si ce moyen n'existe pas, à quelles idées paroît-il convenable de s'attacher pour conserver un revenu quelconque sur la consommation du Tabac ?

PREMIERE QUESTION.

Quel est le régime de l'impôt établi sur la consommation du Tabac ?

L'idée de tirer une partie du revenu public d'une consommation que la fantaisie seule rend générale, & dont l'habitude seule fait une nécessité, paroît au premier aspect fort simple, fort amie de la justice & de la liberté. C'est ce qui l'a fait admettre, c'est ce qui la fait défendre encore.

Cependant cette idée, qui paroît si simple & si juste, n'a été exécutée que par des moyens très-injustes, très-vexatoires. Au fond elle n'étoit peut-être pas juste elle-même.

Nous allons exposer brièvement l'histoire du système de Contribution auquel elle a donné lieu.

La consommation du Tabac n'est pas absolument générale, parce qu'elle n'est pas nécessaire ; elle ne pouvoit donc servir de base à un impôt général.

La quantité nécessaire à la consommation d'un homme occupe un très-petit espace, & cette con-

fommation fe fait peu à peu , par quantités infenfibles.
Le débit clandeftin en eft donc très-facile : il étoit
donc impoffible de retirer un certain produit de
l'impôt, en fe bornant à impofer les Débitans.

La fabrication du Tabac peut être entreprife en
petit , dans des lieux cachés ; elle peut fe faire très-
clandeftinement. On ne pouvoit donc efpérer un
grand revenu en impofant la fabrication.

La culture n'offroit pas plus d'avantages au Tréfor
public. Suppofé que toutes les Terres de la Nation
fuffent également propres à la culture du Tabac ,
cette culture ne pouvoit pas être plus impofée qu'une
autre ; fuppofé que quelques terres , douées d'une
propriété particulière , produififfent du Tabac d'une
qualité fupérieure , dans ce cas , à la vérité , elles
pouvoient être taxées proportionnellement à leur fupériorité, comme les vignes de la Champagne le font
proportionnellement à leur avantage fur d'autres
vignobles. Mais comme le Tabac de qualité fupérieure que peut confommer le Royaume , ne doit
guère excéder , en feuilles , une fomme de trois ou
quatre millions , il n'y auroit eu de profit extraordinaire pour le Tréfor public, que l'impôt dont il
auroit été poffible de charger la partie de ces trois
ou quatre millions , qui auroit excédé le revenu
du même territoire cultivé de toute manière. Ç'auroit donc été un revenu de quelques cents mille
livres (1).

---

(1) Encore faudroit-il pour retirer ce revenu , ou que nul

Ces réflexions ont d'abord conduit à l'idée d'établir deux priviléges exclusifs, celui de la fabrication & du débit, & de taxer le tabac fabriqué au taux nécessaire, pour en tirer un produit considérable. En conséquence, la fabrication & le débit du tabac ont été interdits aux particuliers.

Mais on a senti que bientôt l'étranger profitant du sur-haussement du prix du Tabac, en introduiroit en France si l'on n'y mettoit obstacle, & détruiroit le privilége ; qu'ainsi il falloit prohiber le Tabac étranger ; & le Tabac étranger a été prohibé.

Bientôt on a reconnu que par tout où l'on recueilloit du Tabac, la fabrication clandestine & le débit frauduleux étoient inévitables, & l'on a prohibé la culture.

Il étoit assez difficile d'assurer l'exécution de loix qui arrachoient à la propriété & à l'industrie agricoles, le droit de continuer une culture établie ; à l'industrie manufacturière, le droit de continuer une fabrication florissante ; à l'industrie mercantile, un moyen facile de s'exercer, & au peuple le moins industrieux un moyen de vivre. D'un autre côté, la sur taxe du prix du Tabac qui étoit le but de tant de prohibi-

---

autre peuple n'eût de Tabac d'égale ou de meilleure qualité, ou qu'il ne pût l'introduire dans le Royaume à plus bas prix, car nul ne voudroit entreprendre une culture chargée d'un impôt extraordinaire, s'il n'étoit sûr d'en tirer un revenu proportionnel. Or, quelle certitude peut-on donner à cet égard au cultivateur, quand des Préposés veillent sans intérêt ?

tions, donnoit un grand intérêt à les enfreindre ; la
Loi en défendant la culture, la fabrication & le débit,
augmentoit l'attrait de la culture, de la fabrication
& du débit ; elle mettoit la tentation à côté de la
défense ; elle créoit un délit ; & elle poussoit à le com-
mettre. Ainsi, pour empêcher la culture, la fabrication & le débit, il a fallu instituer des précautions
infinies, telles que les visites sur les personnes, dans
les voitures, dans les maisons, &c. ; & ces précautions ont été instituées.

Les contraventions étoient faciles à déguiser ; en
conséquence, il a fallu réputer criminelles une foule
d'actes indifférens en eux-mêmes, mais qui pouvoient
conduire à ces contraventions, qui pouvoient les cou-
vrir, qui pouvoient y ressembler ; & ainsi La loi a
défendu de se trouver avec des contrebandiers, la
Loi a défendu le port d'armes à tout ce qui n'étoit pas
gentilhomme ; la Loi a défendu de pulvériser soi-
même, avec des moulins, les Tabacs que la Ferme
elle même avoit vendus, &c.

Pour garantir les prohibitions principales & accef-
foires, il a fallu instituer des peines proportionnées,
non aux contraventions, mais à la difficulté de les
réprimer ; & des peines pécuniaires, infamantes, af-
flictives, ont été établies. *Tout contrebandier sera con-
damné aux galères pour trois ans, & en 500 liv. d'amende
pour la première fois ; en cas de récedive, en 1000 liv.
d'amende & aux galères à perpétuité. Trois personnes armées qui seront rencontrées ensemble, seront punies de
mort. Trois personnes armées qui seront arrêtées portant*

du tabac de contrebande, seront punies de mort. Ceux qui au nombre de cinq & armés, auront escorté une voiture de contrebande, SERONT PUNIS DE MORT, & le crime sera CENSÉ PROUVÉ par la déposition de témoins, quand même les accusés n'auroient pas été porteurs de contrebande.

Ces paroles sont écrites dans le Code de l'impôt du Tabac.

Pour assurer l'exécution de ce Code, il a fallu créer, organiser une armée de surveillans, il a fallu réunir dans chacun d'eux le caractère d'associé à l'intérêt du fisc, d'accusateur pour le fisc, de Magistrat de la loi du fisc, de témoin dans les affaires du fisc, de soldat de la loi du fisc.

On l'a associé à l'intérêt du fisc, en lui donnant une partie dans le produit des condamnations pécuniaires ; on l'a fait accusateur pour l'intérêt du fisc, en statuant qu'on puniroit les contraventions sur ses procès-verbaux ; on l'a fait Magistrat de la loi du fisc, en l'autorisant à décider qu'un Citoyen est dans le cas de l'arrestation ; on l'a fait soldat du fisc, en lui conférant le pouvoir d'arrêter lui-même ; enfin, dans les mêmes affaires où il est intéressé, où il est accusateur, où il est premier Juge, où il est ministre de son jugement & de son intérêt, on l'a encore constitué témoin, en donnant à son procès verbal une foi suffisante pour servir de preuve du fait devant le Juge établi pour juger définitivement.

On a été plus loin encore : une loi porte qu'il ne sera fait aucune poursuite contre les Employés des fermes qui auroient tué un contrebandier en résistant :

Imposons silence en ce cas à tous nos Procureurs. Ces pa-roles, qui nous paroissent être pour les Employés des Fermes une permission générale d'assassiner, sont dans une loi de Louis XIV, qui est commune à la gabelle & au privilège exclusif du tabac, & qui n'a jamais été révoquée.

C'est le sort des loix cruelles de s'affoiblir toujours entre les mains des Juges institués pour la justice pu-blique; c'est le sort des loix cruelles d'avoir sans cesse besoin d'explications, de précautions, d'aggravations & de former bientôt un code volumineux & com-pliqué qui demande une longue & pénible étude: ce-lui de la ferme du tabac forme six volumes *in-*4°. Il a donc fallu instituer des tribunaux particuliers qui fussent attachés par la cupidité à l'étude & a l'exécu-tion de loix que la cupidité avoit dictées & multi-pliait sans cesse; & l'on a vu paroître ces Tribunaux appelés *Chambres ardentes*, où il y avoit moins de dés-honneur peut-être à paroître au banc des accusés, qu'à s'asseoir au rang des Juges.

Enfin, comme il faut que tous les dépositaires d'un pouvoir public soient payés par le Trésor public, il a fallu que l'impôt fut aggravé bien au-delà du besoin de la Nation, pour qu'il pût acquitter ses propres frais. Il a fallu ainsi que l'impôt même devînt un principe d'impôt & de surcharge.

Voilà, Messieurs, où a conduit l'idée d'imposer une forte contribution sur la consommation du tabac. La Franche-Comté, les Provinces Belgiques & l'Al-sace ont seules été exceptées de ce régime; la culture, la fabrication, le débit du tabac y font restés libres, & l'entrée du tabac étranger y a été impofée à un droit de 30 fols par livre.

DEUXIÉME QUESTION.

Quels font les effets de l'impôt dont il s'agit & de fon régime fur la liberté & la propriété.

Il feroit difficile de les diffimuler.

L'impôt en lui-même offenfe la propriété :

1°. Parce qu'il charge d'une contribution égale le pauvre & le riche qui comfomment du tabac ;

2°. Parce qu'il charge inégalement les Citoyens d'égale richeffe ou d'égale pauvreté, fuivant qu'ils ont placé leur plaifir dans l'ufage de cette poudre ou dans d'autres confommations.

Le régime de cet impôt offenfe la propriété :

1°. Parce qu'il entraîne des frais exceffifs, & que tout mode de perception qui coûte plus qu'il n'eft ftrictement néceffaire pour recouvrer la fomme qui doit entrer dans le tréfor public, eft, comme toute autre dépenfe inutile, une atteinte à la propriété.

2°. Parce qu'en interdifant certains emplois de la terre & des capitaux, il diminue les profits de tous les autres placemens.

3°. Parce qu'il diminue la valeur de certaines terres qui ne peuvent être plus utilement exploitées qu'en tabac ;

4°. Parce qu'enfin les vifites domiciliaires mettent

à découvert des faits que le Citoyen peut avoir intérêt de cacher, & donnent aux agens du fisc le moyen
de pénétrer des secrets de fabrication ou de commerce,
sur lesquels peuvent être fondées d'utiles spéculations.

Le régime du tabac offense la liberté.

1°. Parce qu'il interdit trois espèces de travaux
qui pourroient s'appliquer utilement & légitimement
à cette marchandise; travaux agricoles, travaux manu-
facturiers, travaux mercantiles;

2°. Parce qu'il autorise des visites dans les domiciles;

3°. Parce qu'il met le Citoyen à la merci de malfai-
teurs & de malveillans qui peuvent cacher du tabac
dans sa maison ou dans ses dépendances;

4°. Parce qu'il met le Citoyen à la merci d'Employés intéressés à trouver des coupables, & assurés
d'en pouvoir supposer impunément;

5°. Parce qu'il expose le Citoyen à des peines dis-
proportionnées avec les délits;

6°. Parce qu'il le traduit devant des Tribunaux qui
renferment en eux un principe d'iniquité évident;

7°. Parce qu'il les place sous des loix dont le Code
est si volumineux & si compliqué, que peu de gens
sont en état de l'acheter, moins encore de l'étudier,
& personne de le savoir;

8°. Enfin, parce qu'après avoir préparé des suppli-
ces à la fraude, il invite le peuple à la fraude, en y
attachant d'énormes profits.

Ainsi, Messieurs, le projet d'imposer la consommation du Tabac, ce projet qui paroissoit ne tendre
qu'à augmenter une vaine dépense, a conduit à atta-

quer une source de revenus.

Il paroissoit ne demander qu'un partage amiable dans la surabondance des revenus de chaque contribuable, & il a conduit à prendre à la plupart des Citoyens jusqu'à leur nécessaire.

Il paroissoit rendre la contribution facile à l'intérêt privé; & cependant il a conduit à susciter puissamment l'intérêt privé contre la contribution.

Il paroissoit ne solliciter un revenu que d'une fantaisie, & il conduit à imposer cent privations de droits sacrés.

Il paroissoit n'attendre qu'une offrande de la liberté, & il a conduit à imposer mille sujettions, mille souffrances de la servitude.

A la vérité, Messieurs, la contribution du Tabac a, pour quelques classes de la société, toute la commodité, tous les avantages qu'on s'en étoit promis; mais c'est parce que toute sa rigueur est pour les autres. La classe qu'elle favorise est celle des riches & des puissans; celle qu'elle opprime est la partie foible & pauvre de la Nation : ce n'est pas pour l'homme puissant que sont établies les visites domiciliaires, les embuscades, &c.; ce n'est pas pour lui qu'il y a de l'attrait à la contrebande, & des loix qui la punissent. Mais c'est sur le Citoyen pauvre que pèsent toutes les circonstances de ce régime; il n'a donc pu être réputé léger & commode que par des gens, & dans des temps où la puissance & la richesse étoient tout, & la qualité d'homme rien.

TROISIÈME QUESTION.

Est-il possible de conserver l'ancien régime de la vente exclusive du Tabac.

L'analyse que nous avons faite des effets qu'il produit, doit avoir préparé dans tous les esprits la solution de cette question.

Il est impossible qu'un systême d'impôt destructif des droits de l'homme fasse partie du systême social.

Quelques réflexions sur le seul objet des visites domiciliaires qui sont étroitement liées au régime de l'impôt, parce qu'elles sont absolument nécessaires à la sûreté d'un produit de quelque importance, acheveront de fixer les idées à cet égard.

Pour que les visites fiscales remplissent l'objet qu'on en attend, il faut qu'elles puissent se faire en tout temps, à toute heure, sans être attendues, sans autre motif que la défiance, sans autre autorisation que la volonté des préposés du fisc; il faut qu'elles puissent se faire par des gens armés & dans les plus secrets réduits des maisons.

Or, Messieurs, le Citoyen ne peut pas s'engager avec la société à souffrir de semblables visites. Il ne peut confier le droit de le troubler dans ses maladies les plus graves, dans ses chagrins les plus secrets, dans ses jouissances les plus intimes, dans ses recueillemens les plus profonds, dans ses repos les plus nécessaires, dans ses méditations les plus importantes;

en un mot dans l'ufage de fes facultés, dans la propriété de fes penfées, de fes affections & de fon exiftence (1). Accorder un pareil droit à la Société, ce feroit aller contre le but de l'affociation politique, qui eft la confervation de la liberté; ce feroit en faire une aliénation abfolue, une abnégation totale.

La liberté de chaque individu a pour limite ce qui nuit à autrui; ce qui nuit à tout le monde n'eft donc compatible avec la liberté de perfonne.

Il eft pour le Citoyen un autre intérêt fous le rapport duquel il lui eft moins poffible encore de laiffer paffer en loi la faculté des vifites domiciliaires : c'eft l'intérêt de fa famille, dont la nature & les loix de la fociété même lui ont commis la garde; c'eft fur les pères, fur les époux que la Loi fe repofe de la confervation des femmes & des enfans, c'eft fur la famille entière qu'elle fe repofe du foin des vieillards, des malades, des infirmes (2).

----

(1) Le Citoyen enfermé chez lui pour remplir fes devoirs envers la Société, ne doit pas y être troublé par la Société; le Citoyen renfermé chez lui après avoir rempli fon devoir envers la Société, n'appartient plus à la Société, tant qu'un devoir nouveau ne le réclame pas; il appartient à lui feul; il ne peut être juftement troublé dans la pleine jouiffance de lui-même.

(2) Arrêtez un inftant votre attention fur les commotions que doit donner à un vieillard, à des enfans, à une femme, à un malade, l'apparition foudaine & nocturne d'une cohorte d'hommes armés, que le foupçon d'un crime & le defir fecret de trouver des coupables amène au milieu d'eux ! Confidérez l'exercice de leurs

Gardiens de nos familles il ne nous eſt pas permis de remettre à la ſociété le droit de leur faire éprouver des tourmens auxquels nous ne pouvons nous livrer nous-mêmes.

Il eſt des cas ſans doute où le Miniſtre de la Loi doit pouvoir pénétrer dans nos maiſons ; celui où l'intérêt même de la famille l'exige, celui où un intérêt public *evident & conſtaté* le demande ; celui où des droits privés *conſtates & reconnus* ne peuvent s'exercer autrement. Ainſi quand une femme ſera mal-traitée par ſon mari ; quand un ſélérat pourſuivi par la juſtice ſe ſera réfugié dans une maiſon ; quand un débiteur ſera en retard d'acquitter une dette légitime, dans tout ces cas des Miniſtres de la Loi pourront s'introduire de force dans ſa maiſon. Mais ces cas auront été bien conſtatés & reconnus par le Magiſtrat, mais la maiſon où l'on pourra s'introduire aura été déſignée par lui ; mais le jour & l'heure de la viſite auront été fixés par ſon décret.

---

fonctions. A leur voix, il faut que le vieillard, le malade, l'accouchée ſoient arrachés de leur lit ; il faut que toutes les portes s'ouvrent, que tous les meubles, témoins muets, mais fidèles, des occupations, des habitudes les plus ſecrettes, paſſent ſous leurs yeux ; il faut que mille objets, que la décence ou la honte voudroient cacher, ſoient offerts à leur curioſité ſacrilége, & il faut encore que le jeune homme, bouillant de colère à ce ſpectacle, contienne ſes mouvemens & réprime ſes diſcours, que tant de vexations provoquent, ou qu'il s'attende à ſubir la peine de la rebellion la plus criminelle.

Dans tous ces cas, Messieurs, le Citoyen est averti par son propre fait de l'ouverture forcée de sa maison, ou plutôt c'est lui-même qui l'a ouverte à la Justice. Dans tous ces cas encore, quand la Justice a découvert l'objet de sa recherche, la recherche s'arrête, & l'inquisition cesse ; au lieu que les visites fiscales, décidées par un soupçon & même par un caprice, sont toujours inattendues, & que ces visites une fois commencées, une apparence fait poursuivre une découverte, une découverte en fait espérer une autre ; & nulle réserve, nul ménagement, nulle exception n'est accordée ; on fouille la maison entière pour y trouver un crime, comme on fouille une mine pour y trouver de l'or.

C'est le sentiment de tant de vexations qui sans doute a donné au peuple toute l'aversion qu'il a conçue pour la vente exclusive du tabac. Et sans doute, Messieurs, il suffit de vous en avoir retracé une partie pour vous faire penser qu'il est impossible de perpétuer le régime auquel elles appartiennent.

Ces considérations tirées des Droits de l'Homme ne sont pas les seules qui doivent vous être présentées sur la question dont il s'agit ; il faut offrir aussi à votre attention les difficultés de fait qu'opposent & l'ancienne liberté dont jouissoient relativement au tabac les Départemens Belgiques & du Rhin, & l'état présent des esprits dans ces parties du Royaume.

Nous avons vu que la culture du tabac, la traite du tabac étranger, sa fabrication, le débit interieur sont absolument libres.

Nous n'héfitons pas à penfer que fi le privilége exclufif de la vente du tabac étoit confervé dans le Royaume, il ne dût être étendu aux Départemens qui compofoient les Provinces ci - devant appelées étrangères ; nous n'héfitons pas à penfer que l'Affemblée Nationale, après avoir reculé les barrières des traites aux limites de la France, ne voudroit pas laiffer fubfifter pour l'impôt du tabac, des barrières intérieures qui, en affujettiffant, comme du paffé, le commerce national aux vifites, aux féjours, aux déchargemens, aux avaries, fur chaque paffage d'un Département à un autre, feroient perdre à la Nation tout le fruit de la première opération.

D'ailleurs, l'unité qu'il importe d'établir dans l'adminiftration du Royaume, pour la rendre fimple & à portée de tous les Citoyens qui ont tous le droit de la furveiller & de la juger;

L'uniformité qui doit régner entre les condititions des diverfes parties de l'Empire, pour confacrer les principes d'égalité & effacer les idées de privilége qui vous ont principalement conduits à décréter la nouvelle divifion du Royaume ;

La néceffité de diminuer enfin le nombre de ces Employés, dont la redoutable armée n'a pas moins contribué qne nos Milices à détruire la liberté politique, & la menacera toujours davantage ;

Tant de confidérations, Meffieurs, ne permettroient pas fans doute de laiffer fubfifter des diftinctions entre les François, relativement au tabac, fi vous en conferviez le régime actuel.

Eh bien ! Meſſieurs, daignez conſidérer les cir
conſtances qui contrarieroient vos vues d'uniformit
à cet égard.

Les Départemens du Rhin & Belgiques ſoutiennen
qu'on ne peut les priver de la culture du tabac, ſan
violer les droits ſacrés de la propriété. Ce n'eſt poin
un privilége, diſent-ils, que d'être affranchis d'une
injuſtice générale ; ce n'eſt point un privilége de pou
voir faire de nos champs l'uſage que nous croyons l
plus profitable.

Les Départemens Belgiques invoquent particulié-
rement l'intérêt des deux cultures acceſſoires à celle
du tabac, & qui ne peuvent ſe ſoutenir ſans celle-ci
la culture du lin & du colſa. Selon eux, ces plantes
ſont ſujettes à des accidens qui les font ſouvent avor-
ter au commencement de la ſaiſon , & le Cultivateu
ne peut ſe dédommager qu'en plantant auſſi-tôt du
tabac à leur place.

On obſerve enfin qu'en ſoumettant les Départe-
menr Belgiques & du Rhin à payer le tabac au prix
établi pour le reſte du Royaume, on leur impoſe-
roit une contribution infiniment plus forte qu'aux
autres ; parce que le bas prix du tabac en a rendu
l'uſage bien plus général, & l'habitude bien plus puiſ-
ſante dans ces premiers Départemens que par-tout
ailleurs.

Nous ſavons, Meſſieurs, qu'il eſt poſſible d'affoiblir la première de ces objections.

On peut obſerver que les terres des Départemens
Belgiques & du Rhin ne ſont nullement propres à

produire

produire de bon tabac; que les Départemens méridio-
naux ont seuls été favorisés à cet égard par la nature;
& qu'ainsi ces premiers ne doivent les profits de leur
culture qu'à la Loi qui interdit aux autres de l'entreprendre.

On peut dire que s'il est injuste d'appeler en général du nom odieux de *privilége* la simple exemption
d'une injuste prohibition, & la simple faculté de cultiver son champ comme on le juge à propos, il ne l'est
point d'appeler ainsi tout avantage particulier qu'on
retire de la souffrance générale, & tout profit fondé
sur la perte commune.

Mais, Messieurs, ces observations n'attaquent point
les autres objections des Départemens Belgiques & du
Rhin, objections qui nous ont paru sans réplique.

Peut-être même ne détruisent-elles pas tout-à-fait
l'objection qu'elles combattent.

En effet on ne peut assurer positivement que la liberté de la culture du tabac dans les Départemens mé-
ridionaux réduiroit bientôt ceux du Nord à l'impuis-
sance de soutenir la leur; on ne peut avoir à cet
égard que des conjectures.

D'un autre côté, il seroit bien plus malheureux
pour les Départemens ci-devant privilégiés de perdre
la liberté dont ils jouissent, qu'il ne le seroit pour les
autres habitans du Royaume de ne pas recouvrer une
liberté dont ils sont privés depuis long-temps. Par-
tout où la culture du tabac est interdite, d'autres cultures sont établies, & ont des débouchés assurés; au-lieu
que dans les pays où elle est restée libre, non-seule-

<table><tr><td>*Rapport de M. Roederer.*</td><td>B</td></tr></table>

ment on feroit incertain du débouché ou de la conſommation des produits de noùvelles cultures, mais encore il faudroit en facrifier d'anciennes qui ne s'accordent qu'avec celle du tabac.

Conſidérez que ce n'eſt pas aux peuples des Villes, que ce n'eſt pas aux riches des Cités que vous impoſeriez des facrifices dans les Départemens dont il s'agit ; ce feroit aux agriculteurs, ce ferait au peuple des Campagnes, ce ferait à la claſſe de François pour laquelle vous avez fait la Révolution & la Conſtitution; ici donc vous agiriez en un fens tout contraire à vos Décrets les plus importans.

Et après tout, Meſſieurs, eſt-il bien facile de fe faire entendre quand on exhorte à faire un facrifice actuel, parce qu'il eſt poſſible que ce facrifice devienne néceſſaire à l'avenir ; quand on preſſe de courir au devant d'un mal éloigné, & de fe livrer foudainement à une privation qui ne doit être impoſée que progreſſivement & lentement ? Peut-on bien fe faire entendre quand on veut faire pardonner à un fyſtême d'oppreſſion par certaines conféquences de la liberté, & fur-tout quand on veut préconifer une Loi dont la rigueur eſt en oppoſition directe avec la libéralité de la Terre & la bienfaifance de la Nature ?

Non, Meſſieurs, un pareil fuccès eſt heureufement impoſſible ; il eſt au moins très-douteux ; & ainſi ce feroit tenir la conduite la plus inconſidérée, ce feroit compromettre l'opération tant attendue du reculement des barrières des traites, ce feroit compromettre la tranquillité du Royaume, que de toucher aux plus chers intérêts des Départemens Belgiques & du Rhin.

Ne perdez pas de vue, Messieurs, que ces Départemens sont des frontières du Royaume ; que les uns confinent à un peuple en insurrection ouverte ; que les autres, soumis aux influences d'Etrangers puissans & mécontens, sont privés, par la différence des langues & des langages, d'une étroite communication de sentimens & de pensées avec le reste du Royaume ; que tous sont agités, tourmentés par des inquiétudes de superstition religieuse & politique, habilement excitées par des ennemis de la liberté.

Si donc il est impossible d'un côté de conserver, dans votre nouvelle Constitution, les visites domiciliaires ; & que ces visites soient nécessaires au produit ancien de la Régie du Tabac ; si d'un autre côté vous êtes réduits à l'alternative, ou de laisser plusieurs Départemens jouir de priviléges contraires à la Constitution, & de rendre ainsi illusoire, même funeste, le reculement des barrières des traites, ou de violer chez eux les droits sacrés de la propriété, d'empirer leur condition, tandis que vous améliorez celle de la France, il nous semble évident, Messieurs, qu'il faut regarder comme impossible la conservation de l'ancien régime du Tabac en France.

QUATRIÈME QUESTION.

Quand on parviendroit à rétablir l'ancien régime, pourroit-on en attendre les mêmes profits qu'on en retiroit ?

Personne n'ignore qu'il est entré une très-grande quantité de Tabac étranger en France ; qu'il s'en est formé des magasins ; que nombre des personnes s'en sont approvisionnées ; que dans quelques parties du Royaume on en a cette année entrepris la culture, malgré la prohibition qui devoit en faire craindre l'arrachement ou la confiscation.

Il est évident que dans ces circonstances la Régie nationale ne fourniroit, pendant plusieurs années, qu'aux consommateurs auxquels elle a fourni depuis la Révolution ; il est évident qu'elle ne vendroit qu'en raison de la supériorité de la marchandise, & que son privilége exclusif lui seroit absolument inutile.

On ne nous dira pas sans doute qu'il seroit impossible de faire faire des perquisitions domiciliaires dans tout le Royaume, pour saisir chez les particuliers le Tabac de contrebande qu'ils peuvent avoir acheté, pour les faire poursuivre & punir suivant la rigueur des Ordonnances ; ce ne seroit pas là vouloir seulement rétablir l'ancien régime, ce seroit encore vouloir le venger.

On ne nous dira pas que par égard pour la Révolution, on pourroit ordonner qu'avant les visites domiciliaires, les propriétaires des Tabacs de contrebande feroient admis à les faire marquer du fceau de la Régie, & à lui payer, pour chaque livre, un droit égal au profit qu'elle fait fur la vente du fien.

Ce feroit d'abord exiger la plus effrayante contribution, puifqu'on feroit payer tout d'un coup au Peuple une fomme d'impôt, que dans l'ancien état des chofes il n'eût payée que fucceffivement pendant le cours de deux ou trois années, & à mefure de fa confommation. En fecond lieu, cette contribution feroit très-inégale & très-injufte, puifqu'elle feroit acquitter le même droit, & pour le Tabac de première qualité, & pour celui de rebut.

Ainfi, quand on rétabliroit l'ancien régime, quand on rétabliroit les vifites domiciliaires de droit, il feroit impoffible de les rétablir de fait, & fans elles l'impôt feroit improductif pendant long-temps.

Nous le répétons donc : de long-temps l'ancien régime de la Ferme ne rapporteroit le même revenu que par le paffé.

A la longue, il eft vrai, les produits pourroient fe relever ; mais fi de fa nature ce régime eft injufte & onéreux, ce n'eft pas de fa fructification qu'il faut s'occuper pour l'avenir ; c'eft de fa fuppreffion.

CINQUIÈME QUESTION.

Les différens moyens qui ont été propofés pour établir un revenu fur la confommation du Tabac, offrent-ils un produit égal à celui de l'ancien régime, fans en avoir les inconvéniens ?

S'il eft prouvé que le produit actuel de la vente du

Tabac ne pourroit se soutenir, même dans le cas
où l'on conserveroit l'ancien régime, & où on l'éten-
droit à tout le Royaume ; s'il est prouvé que ce régime est incompatible avec la liberté & la propriété
le problême à résoudre est d'en trouver un qui soit en
même temps plus efficace & moins rigoureux ; & si
l'on ne peut résoudre ce problême, il faut renoncer
à une partie plus ou moins forte du revenu dont il
s'agit.

Le nombre de plans qui nous ont été proposés est
infini. Quoiqu'ils puissent se réduire à quelques com-
binaisons principales, ce seroit abuser de votre temps
que de vous les présenter tous. Ceux qui supposent la
prohibition de la culture en France, & n'accordent
que la liberté de la fabrication & du débit, doivent
évidemment être écartés de votre examen, puisqu'ils
ne leveroient pas la difficulté principale qui s'oppose à
l'ancien régime : celle d'étendre aux Départemens Belgiques & du Rhin, une prohibition dont ils ont
été exempts jusqu'ici, ou de laisser subsister pour
eux l'exemption d'une charge commune au reste du
Royaume.

On peut réduire à deux tous les projets qui supposent la libre culture du tabac en France.

Le premier consiste à établir la liberté générale &
indéfinie de cultiver, de fabriquer & de débiter du
tabac en gros & en détail ; à prohiber seulement l'entrée du tabac étranger ; & à asseoir un impôt de
30 millions, partie sur la culture, partie sur la fabrication, partie sur le débit.

Ce syftême, féduifant par fes réfultats, n'eft pas même fpécieux dans fes moyens d'exécution.

Voyons d'abord la part que la culture pourroit fupporter dans la fomme de 30 millions.

Il faut ici s'arrêter à un fait : c'eft que la culture du tabac ne feroit pas une culture *ajoutée* à la totalité de celles qui exiftent, mais feulement une culture *fubftituée* à une partie de celles - ci ; prefque toutes les terres qui produiroient du tabac, produifent maintenant autre chofe ; il n'y auroit donc ni une plus grande furface de territoire à exploiter, ni un plus grand nombre de récoltes fur le même tertitoire; (1) ainfi, pour obtenir de la culture du tabac un plus grand produit que de toute autre, il ferait néceffaire que les profits de cette exploitation fuffent plus confidérables que ceux d'une autre ; voyons donc quelles efpérances on peut concevoir à cet égard.

Si toutes les terres du Royaume étoient propres à donner un tabac d'égale qualité, alors fans doute les profits de la plantation du tabac feroient auffi-tôt réduits par la concurrence des Cultivateurs, au taux de la culture du bled. Tout le monde fent qu'une culture nouvelle qui produiroit feulement deux pour cent de la valeur du fonds, au-delà du revenu des cultures anciennes, feroit bientôt entreprife par tant de per-

---

(1) On fonde de grandes efpérances fur les landes de Bordeaux; mais fi on les défriche, elles feront exemptes long-temps de l'impôt, en vertu de nos Loix agraires.

fonnes, que l'abondance des récoltes feroit baiffer les bénéfices au niveau général. Dans cette hypothèfe donc, il n'y auroit pas moyen d'impofer une obole de plus fur le Royaume à raifon de la culture du tabac.

Mais s'il y avoit des terres dans le Royaume qui puffent produire un tabac fupérieur à celui de toutes les autres, & qu'elles n'excédaffent pas de beaucoup l'efpace néceffaire pour fournir à la confommation nationale, il eft évident qne ces terres privilégiées par la nature, acquérant une nouvelle valeur par la liberté de cultiver le tabac, offriroient une nouvelle matière impofable qui autrement n'auroit pas exifté.

Sans examiner laquelle de ces hypothèfes eft applicable au Royaume, admettons tout de fuite qu'il eft dans le cas le plus favorable au fyftême que nous examinons; fuppofons que fa confommation fera fournie par quelques terres exclufivement privilégiées, & calculons en conféquence.

Quarante mille arpens de terre, c'eft-à-dire, la trois millième partie du fol de la France, cultivée en tabac, fourniroit largement à la confommation du Royaume. Cette première vérité refferre tout-à-coup l'idée des ref-fources que le Tréfor public peut retirer de la libre culture; mais allons plus loin.

La valeur du tabac en feuilles, néceffaire à la con-fommation du Royaume, ne paffe pas fix millions: qu'on la porte à neuf; qu'on porte, fi l'on veut, au tiers de cette fomme la part qu forme le revenu du propriétaire du fol, ce qui eft exagéré; le proprié-taire aura donc trois millions de revenu en tabac;

qu'on admette que ce revenu eſt plus fort du tiers, de moitié, qu'il n'étoit pendant qu'il étoit exploité autrement ; le bénéfice impoſable ſera donc d'un million ou quinze cents mille livres; & l'impoſition étant ſuppoſée du cinquième, ou, ſi l'on veut, du quart du revenu net, le revenu du fiſc ſera de quelques cents mille livres : tel ſera le réſultat des circonſtances les plus favorables à l'impôt.

La contribution impoſée ſur la libre fabrication du tabac, & ſur ſon libre débit, ſuppléera-t-elle à la ſtérilité de l'impôt établi ſur ſa culture ? Il n'eſt pas poſſible de s'arrêter à cette idée. Si la culture étant libre, la fabrication l'étoit auſſi ſans reſtriction, ſans autre condition que de payer l'impôt de fabrication ſur une ſimple déclaration, un grand nombre de particuliers fabriqueroient ſecrètement dans leur maiſon pour leur beſoin, & quelques-uns fabriqueroient ſecrètement pour les autres.

Il n'en eſt pas de la préparation du tabac comme de pluſieurs autres Arts & Métiers tels que les Forges, les Papeteries, les Tanneries, qui ne peuvent s'exercer que dans de vaſtes atteliers, par des moyens apparens, ou avec un bruit qui les annonce au loin ; la fabrication du tabac peut ſe faire par petites parties, dans de petits eſpaces, par toutes ſortes de perſonnes ; elle peut ſe rendre par tout inviſible, & par-tout échapper à la perception.

Le ſyſtême de percevoir un impôt ſur la conſommation du tabac, en en laiſſant la culture, la fabrication & le débit libres, eſt donc une chimère qui

n'a mérité de vous occuper un moment, qu'à caufe d
la pureté des motifs qui l'ont fait imaginer, & l
font fans ceffe reproduire.

On a effayé de modifier la feconde partie de ce pro
jet. On a propofé de foumettre la fabrication & l
débit du tabac à la néceffité d'acheter chaque anné
une permiffion ou licence du Gouvernement.

S'il ne s'agiffoit de retirer qu'un ou deux million
d'une pareille méthode, on pourroit croire qu'elle n
feroit pas tout-à-fait fans fuccès. Il eft très-certain qu
fi la fabrication & le débit du tabac étoient défendu
à tous ceux qui ne feroient pas munis d'une permiffio
peu coûteufe, il n'eft guerre de Fabricant ou de Dé
bitant qui n'achetât une telle permiffion, parce qu'i
n'eft perfonne qui ne préférât le paiement d'une lé
gère retribution, pour la commodité d'un débit o
d'une fabrication libre, à la gêne de la clandeftinité
Il importe fur-tout au debitant de pouvoir s'annon
cer par une enfeigne, s'établir dans un lieu fré
quenté, frapper les yeux des confommateurs. Auffi
Meffieurs, lorfque nous vous parlerons des droit
d'Aides, nous vous propoferons de foumetrre à u
droit léger les permiffions de fabriquer & vendre d
tabac, comme plufieurs autres marchandifes.

Mais, fi l'on efpèroit obtenir par ce moyen u
produit auffi confidérable que deux tiers du revenu ac
tuel du tabac, & même un bien moindre, on fe feroi
illufion.

1°. La préparation du tabac, comme nous l'avons
dit, peut échapper aux vifites les plus inquifitives &

les plus multipliées, & elle y échapperoit, dès que l'é-
normité du droit donneroit un grand intérêt à s'y
souftraire.

2°. Le pauvre qui trouveroit à vil prix & tout
autour de lui du tabac en feuilles, s'habitueroit
bientôt à le prendre fans préparation. Dans plufieurs
parties de la France, le peuple fe contente de pul-
vérifer la feuille avant de s'en fervir.

3°. Enfin le tabac à fumer n'exige aucune fabrication.

Ainfi les loix & les percepteurs feroient abfolument déjoués, relativement à la fabrication.

A l'égard du débit, il n'eft pas moins évident que
tout privilége exclufif feroit abfolument illufoire, &
par conféquent le produit des licences nul. Il faut
bien obferver que le tabac eft d'une grande valeur
fous un petit volume, qu'il feroit chargé d'un droit
confidérable, que le tranfport en eft facile, qu'ainfi
il préfenteroit un grand attrait & une médiocre difficulté au commerce frauduleux.

On objectera peut-être que dans le régime ancien
de la Ferme, le débit exclufif du Tabac eft affez
exactement garanti, & qu'ainfi l'on pourroit efpérer le
même fuccès pour le projet propofé. Mais il eft aifé
de répondre à cette objection. Et en effet, Meffieurs,
ce n'eft pas par une police particulière au débit, que
la contrebande étoit empéchée ; elle l'étoit par le con-
cours de toutes les prohibitions qui faifoient partie du
ce régime ancien, par la prohibition detoute culture en

France, par celle de toute fabrication, & fur-tout par les vifites domiciliaires.

Le fecond projet que je vous ai annoncé, Meffieurs, n'eft pas auffi chimérique que ceux dont nous venons de parler ; Frédéric le Grand l'a mis en exécution en Pruffe ; c'eft vous dire que les moyens qu'il préfente font efficaces pour la perception : vous allez juger s'ils font mefurés fur les intérêts de la liberté.

Suivant ce plan, la culture du Tabac feroit permife, mais elle feroit limitée. On borneroit à quarante mille arpens le terrein qui pourroit y être employé.

Toutes les Municipalités du Royaume feroient admifes à employer une portion proportionnelle de leur territoire à cette culture, de manière à ne point excéder quarante mille arpens, & chaque particulier auroit dans la culture accordée à fa paroiffe une part proportionnelle avec le territoire qu'il y poffèderoit.

Des Brigades d'Employés veilleroient à ce que perfonne n'excédât la mefure qui lui auroit été déterminée.

Les récoltes feroient forcément vendues aux Prépofés du fifc, qui en paieroient un prix réglé par la Loi ; la fabrication & le débit feroient interdits aux particuliers ; l'entrée du tabac étranger feroit prohibée, & les Prépofés du Fifc, feuls acheteurs de Tabac, en feroient auffi feuls fabricans, feuls marchands, au profit du Tréfor public.

Pour affurer l'exercice de cet exclufif, on prendroit les précautions fuivantes.

Vers le temps de la maturité du Tabac, des Employés en compteroient les pieds & en dresseroient des inventaires.

Après la récolte, ces mêmes Employés iroient faire dans les maisons des Cultivateurs un revêtement de leur inventaire & une visite domiciliaire, pour reconnoître s'il n'a rien été soustrait par le propriétaire. Ils s'empareroient de ce qu'ils trouveroient en payant le prix de la Loi, & pourroient commencer des poursuites judiciaires, s'il y avoit quelque déficit dans ce qu'on leur auroit délivré, ou quelque recelé de découvert.

Voilà, Messieurs, les détails principaux de ce système.

Il est évident que ce régime, beaucoup moins compatible que le nôtre avec la liberté & la propriété, puisqu'il ne fait qu'en réveiller le sentiment, pour l'irriter & le tourmenter sans relâche, ne leveroit pas la difficulté que nous avons à vaincre du côté des Départemens du Rhin & Belgiques.

Si les habitans de ces Provinces étoient réduits à opter entre un pareil plan & le système ancien, ils diroient sans doute : *Nous aimons encore mieux mettre notre liberté, s'il se peut, en oubli, que de la mettre à la torture.*

D'un autre côté, Messieurs, en réduisant tous les Départemens à une culture proportionnelle dans une culture totale de quarante mille arpens de terre, on réduiroit à moins du tiers la culture actuelle des Départemens Belgiques & du Rhin, l'on y priveroit un

grand nombre de paroiſſes de preſque toute leur exploitation.

D'après cette analyſe des plans qui nous ſont
propoſés comme les plus propres à concilier l'eſpoir
d'un grand revenu du fiſc avec la liberté, il eſt évident que juſqu'à la découverte de quelque idée nouvelle ſur ce ſujet, on peut regarder ces avantages
comme incompatibles.

SIXIÈME QUESTION.

*Quels ſont les moyens les plus convenables de conſerver un
revenu au tréſor public, ſur la conſommation du
Tabac ?*

Ce qui précède ſe réduit à ce raiſonnement :
L'impôt du Tabac eſt injuſte de ſa nature.

Le régime actuel de l'impôt eſt oppreſſif ; ce régime ne pourroit être rétabli en France ſans être
étendu à des Départemens qui n'y étoient pas ſoumis,
& cette extenſion paroit impropoſable.

Ce régime, quand il ſeroit rétabli, ne pourroit
produire de long-temps le même revenu.

Dans les combinaiſons nouvelles qui ont été pro-
poſées à votre Comité, il ne s'en préſente aucune qui,
tempérant ce régime, & le rendant convenable aux
circonſtances où ſe trouve la France, relativement à
pluſieurs de ſes Départemens, promette en même
temps un revenu quelque peu conſidérable.

Il faut donc ſe réſigner à une forte diminution du
revenu établi ſur la vente du Tabac.

Voilà ce qui réfulte des faits & des obfervations qui précèdent.

C'eft en nous plaçant à ce point, que nous avons conçu le projet fuivant.

Nous vous propofons d'abord de rendre abfolument libre la culture du Tabac dans toute l'étendue du Royaume ; 2°. d'y rendre abfolument libres la fabrication & le débit du Tabac provenant de la culture nationale ; 3°. de réferver exclufivement à une Régie prépofée par la Nation & pour le profit du Tréfor public, l'importation, la fabrication, le débit du Tabac étranger ; de laiffer à la prochaine Légiflature le foin de déterminer les diverfes efpèces & qualités de tabac qu'il fera poffible d'établir, ainfi que les prix auxquels on pourra les vendre.

Il nous eft impoffible, Meffieurs, d'eftimer avec quelque précifion le produit de ce nouveau mode de contribution. Nous allons mettre fous vos yeux les élémens que nous avons raffemblés pour effayer le calcul. Vous jugerez vous - mêmes s'ils font fuffifans, & en même - temps s'il eft poffible, quant à préfent, d'efpérer plus de lumières fur ce fujet.

Vous n'oublierez pas, en voyant notre incertitude, que ce n'eft pas par un libre choix que nous avons adopté le fyftême dont nous vous entretenons, mais par l'impoffibilité de maintenir l'ancien. Réduits à vous propofer un effai à la place d'une inftitution profcrite, nous ne pouvons mériter de reproche pour n'avoir pas à préfenter de ces faits concluans & précis, qu'on eft en droit d'exiger de ceux qui demandent la préférence pour un fystême nouveau , fur une inftitution confacrée. Voici les élémens de calculs que nous avons raffemblés.

Le Royaume confommera au moins vingt-quatre millions de livres de tabac par année.

Une partie des confommateurs eft indifférente à la qualité & ne s'attache qu'au prix.

Une autre eft indifférente au prix , & ne s'attache qu'à la qualité.

Il y a plufieurs claffes intermédiaires qui règlent leur préférence fur diverfes combinaifons des prix avec les qualités.

Le commerce libre ne pourra fabriquer que du tabac très-médiocre , & d'une feule qualité ; parce qu'il ne pourra plus importer de tabac étranger pour le mêler avec le tabac indigène ; & que de plufieurs années les Provinces de France , où l'on efpère recueillir de bon tabac , n'en produiront pas fuffifamment pour l'ufage des fabriques.

La Régie nationale au contraire , feule pourvue de tabacs étrangers , & libre d'en acheter d'indigènes , pourra fabriquer dans toutes les qualités propres à fatisfaire les goûts , & même à exciter les fantaifies des confommateurs.

La Régie nationale donc réunira à l'avantage de pouvoir vendre en concurrence avec le Commerce libre , la faculté exclufive de varier & combiner fes prix de manière à mettre à contribution la diverfité de ces goûts & de ces fantaifies qui ne feront d'aucun profit au commerce libre.

L'avantage

L'avantage de la Régie Nationale fur le commerce libre ne fera pas borné à la diverfité des matieres premieres; il confiftera auffi dans la fupériorité & dans le bon marché de la fabrication.

Les Manufactures établies par la Ferme-Générale feront long-temps encore les plus perfectionnées du Royaume. La naiffance des fabriques eft toujours difficile, leur enfance toujours longue. Or dans toute Manufacture où les pratiques de l'art font anciennes & habituelles; où la divifion du travail eft faite exactement; où les atteliers font difpofés d'après une multitude d'obfervations locales, de la maniere la plus commode; où il n'y a que des ouvriers d'élite, employés felon leurs talens par des chefs intelligens; où les ouvriers habitués à travailler enfemble, s'entendent à-demi-mot, & fe rencontrent à-point-nommé; où une Police exacte fait faire d'un figne chaque chofe en fon temps, & remet d'un mot chaque homme à fa place; dans toute manufacture pareille, il eft évident que l'expédition du travail eft plus prompte & plus économique, les procédés de l'art plus fûrs & plus exactement obfervés que dans une manufacture naiffante ou mal organifée.

Les premieres peuvent donc donner à meilleur marché des marchandifes de meilleure qualité que les fecondes, même en les fabriquant avec des matieres premieres d'égale valeur.

Le tabac de Dunkerque fe vend communément vingt fous la livre en carotte, & vingt-quatre fols rapé. Dans la Flandre, dans l'Alface, le tabac d'Hollande ou façon d'Hollande se vend trois liv.

On pourroit donc regarder ces deux prix comme le *minimum* & le *maximum* de ceux qu'il conviendroit à la Régie d'établir.

Nous pouvons raisonnablement présumer, d'après la vente en gros que la Ferme - Générale fait aux particuliers aisés, que la Régie vendroit au moins 1,500,000 liv. pesant de tabac à 3 liv.

Nous pouvons raisonnablement supposer encore que moitié du tabac de moindre qualité, sera aussi vendue par elle au moins pendant plusieurs années & jusqu'à ce que les fabriques particulières se soient multipliées en proportion du besoin.

Nous savons d'ailleurs que le meilleur tabac de la Ferme ne lui revient qu'à 13 sols en carotte, & à 15 sols rapé.

Voilà les faits qui nous sont connus, ou qui sont d'une très-grande probabilité ; mais plus loin la lumière nous manque. Il nous est impossible d'asseoir des conjectures vraisemblables ni sur les proportions des ventes de la première & de la dernière qualité, ni sur le nombre des qualités intermédiaires qui pourront être établies, ni sur les proportions de leurs ventes entre elles & avec les autres.

La France n'a jamais fait d'expérience à cet égard, & jamais on n'a pu constater celle d'aucun peuple où le commerce du tabac a été libre.

La Ferme générale seule, en recueillant, en rapprochant une multitude de faits fugitifs qui ne sont retenus que dans la pensée de quelques-uns de ses

Membres, pourroit nous donner des approximations vraifemblables; mais on ne doit attendre la révélation de leurs connoiffances & la confidence de leurs opinions, que quand le Décret portant fuppreffion de l'exclufif leur aura appris qu'il n'y a plus d'intérêt pour eux à les tenir fecrettes.

Nous devons cependant vous dire que fuivant l'opinion de plufieurs perfonnes très-verfées dans les détails de la vente exclufive du Tabac, on peut attendre du fyftême que nous propofons, un revenu net d'environ 12 millions : leurs efpérances à cet égard fe fortifient relativement à l'année 1791, fur des circonftances accidentelles qui font particulières à cette année.

Ils confidèrent que jufques en 1782, il ne pourra être fabriqué de Tabac indigène dans le Royaume, parce que la première récolte ne fe fera qu'à la fin de 1791 ; qu'ainfi jufques là la régie n'aura à combattre que la concurrence du Tabac étranger introduit en fraude depuis la Révolution ; que ce Tabac eft, en général, très mauvais, ou du moins très-fufpect ; qu'il a d'ailleurs été acheté à un prix fort haut, parce que les fraudeurs impatiens dans leurs fpéculations, fe font tous pourvus au même moment, & fe font fiés au prix de l'exclufif ; que Strasbourg & Dunkerque qui n'auront ni recueilli ni fabriqué davantage cette année que du paffé, profiteront eux-mêmes de ces circonftances pour élever leurs prix ; & que par ces ranfons, rien n'empêchera la Régie de fur-hauffer de même le prix de fon Tabac de moindre qualité, fort au deffus du taux où le réduira fans doute, à la fuite ;

la concurrenee du commerce livre , & où nous l'avons fuppofé d'après les prix actuels, de Dunkerque & Strasbourg.

Voilà , Meffieurs tout ce qu'il nous eft poffible de vous dire quant aux produits. Nous allons vous préfenter notre projet fous fes autres rapports.

D'abord il leveroit toute difficulté, tant du côté des Départemens intérieurs qui ont violemment fecoué le joug de l'ancien régime, que du côté de nos frontières pour l'érabliffement des barrières des Traites. La reftauration de la liberté commune, relativement au tabac , deviendroit une immuable garantie de celle des Provinces qui n'avoient pas perdu la leur.

En fecond lieu , ce projet nous a paru propre à préferver la naiffante culture du tabac du principal danger qui puiffe la menacer; celui d'une importation démefurée de tabac étranger. Nous avons penfé que l'enfance d'une exploitation agricole devoit être foutenue de la protection , ou au moins de l'indulgence publique. Nous avons craint que le négoce , s'il obtenoit tout-à-coup la libre traite du Tabac étranger , ne fût emporté au-delà de toute mefure dans des fpéculations nouvelles pour lui , & que , privé , dans les premiers momens , du grand régulateur de tout commerce, l'expérience des effets de la libre concurrence, bientôt il ne couvrît la France des récoltes américaines, & n'étouffât ainfi nos plantations, avant même que les germes en fuffent développés.

Notre projet a auffi l'avantage de conferver en

activité les manufactures de la Ferme-générale, manufactures qui font l'existence de plusieurs Villes du Royaume, & que le commerce n'y garderoit pas. Ce n'est pas le moment de délaisser de vastes atteliers, & de les mettre en vente, quand un nombre immense d'édifices & maisons ecclésiastiques vont être livrés à l'industrie ; ce n'est pas le moment d'imposer des sacrifices à des Cités entières, pour des avantages généraux, il est vrai, mais peu sensibles ; ce n'est pas le moment de compromettre l'existence d'un grand nombre d'ouvriers, de disperser des hommes qui sont unis, de diviser en des milliers de familles des Citoyens qui n'en faisoient qu'une.

Nous avons cru encore, Messieurs, qu'il seroit utile aux progrès de la fabrication du tabac de laisser subsister au sein du Royaume des manufactures qui peuvent long-temps y servir de modèles.

Enfin, Messieurs, forcés de prévoir les événemens possibles, quoiqu'improbables, nous avons considéré que si l'expérience détournoit dans quelques années la France de la culture du tabac, & que les besoins du trésor public sollicitassent le rétablissement du privilége exclusif, il seroit bon que la principale pièce de la machine nécessaire à son existence se retrouvât toute entière.

Nous savons cependant, Messieurs, que notre projet, qui est bien moins un projet de finance qu'une spéculation de commerce réservée au trésor public, n'est pas, sous le point de vue politique, au dessus de toute censure.

On peut nous dire qu'une Nation n'a pas le droit de priver ſes Membres, ſans leur conſentement unanime, du d oit d'exercer leur induſtrie ſur une matière première venant de l'étranger, plus que ſur une matière première indigène. On peut nous objecter auſſi qu'il ſied mal à un grand Etat de tenir une fabrique ſous ſa direction, & des boutiques ouvertes ſous ſon nom ; on peut ajouter que difficilement il y trouve un avantage réel ; que ſi de petites Républiques, comme Hambourg, peuvent bien fonder leur revenu ſur une cave à vin ou ſur une boutique de pharmacie, c'eſt parce que les adminiſtrateurs y ſont contenus par les mœurs publiques & par une ſurveillance rigoureuſe ; mais que dans les grands Etats, les agents de ſemblables établiſſemens, aſſurés d'échapper toujours aux regards trop occupés des dépoſitaires du pouvoir public, conduiſent les affaires avec cette profuſion négligente & pareſſeuſe, qui peut-être eſt naturelle aux habitans des Monarchies.

Nous répondrons, Meſſieurs, à ceux qui invoquent la rigueur des principes de la liberté, que notre projet rend à la Nation au-delà de celle dont elle peut uſer en ce moment, puiſqu'il appelle l'induſtrie à entreprendre une culture nouvelle, une fabrication nouvelle, & que de long-temps les ouvriers inſtruits dans ces parties, ne pourront y ſuffire.

Nous répondrons à ceux qui invoquent la dignité nationale, que les Nations ne peuvent pas plus que les particuliers ne faire que de grandes choſes, &

ne dérogent pas plus que les particuliers à en faire d'utiles ; qu'au reste , le revenu provenant de la vente du tabac eft non-feulemeut utile , mais néceffaire au tréfor public.

Nous répondrons à ceux qui invoquent les vérités générales fur les mauvaifes adminiftrations des entre-prifes particulières dans un grand Empire , que par un heureux hafard , la régie du Tabac en France nous offre une exception conftante & notoire ; nous répondrons enfin que ces vérités générales ne peuvent s'entendre que des Gouvernemens defpotiques , où toute adminiftration eft arbitraire , où tout adminiftrateur eft plus puiffant que les Loix , où des Repréfentans du peuple ne mettent pas toute leur gloire à la profpérité de la chofe publique , & où enfin l'exiftence de tous les fubalternes ne dépend pas de leur zèle à y concourir.

Voici le Projet de Décret que nous vous propofons de mettre en délibération.

Au Comité de l'Impofition, le   Septembre 1790.
Signé , ROEDERER , LA ROCHEFOUCAULD , D'AL-LARDE , DAUCHI , DE FERMONT , JARRY , EV. d'AUTUN.

PROJET DE DÉCRET

Proposé par le Comité de l'Imposition, & concerté av
le Comité d'Agriculture & de Commerce.

ARTICLE PREMIER.

A L'AVENIR, il sera libre à toute personne de cultiver le tabac da
le Royaume.

II. A compter du premier janvier prochain, il sera permis d
fabriquer & débiter, tant en gros qu'en détail, le tabac qui y aura é
recueilli.

III. Jusqu'au premier janvier prochain, les Départemens qui con
posoient ci-devant les Provinces privilégiées, pourront seuls fabriqu
& débiter leur tabac.

IV. L'importation du tabac étranger fabriqué sera absolument pr
hibée dans toute l'étendue du Royaume.

V. L'importation du tabac étranger en feuilles, sa fabrication, s
débit, seront interdits aux particuliers, & auront lieu au profit d
trésor public exclusivement, sous la direction d'une Régie.

VI. L'introduction du tabac étranger en feuilles continuera néar
moins à avoir lieu dans tous les ports ouverts au commerce des Col
nies Françoises; il y sera mis en entrepôt sous la clef de la Régie;
dans le cas où il ne pourroit lui être vendu, il sera réexporté
l'étranger.

VII. La Législature déterminera, suivant les circonstances, les di
férentes espèces de tabac que la régie nationale fabriquera & débiter
& elle en fixera le prix.

A PARIS, DE L'IMPRIMERIE NATIONALE

www.ingramcontent.com/pod-product-compliance
Lightning Source LLC
LaVergne TN
LVHW011411170726
843501LV00006B/2138